S4
L b 1785

SECOURS

aux

TRAVAILLEURS.

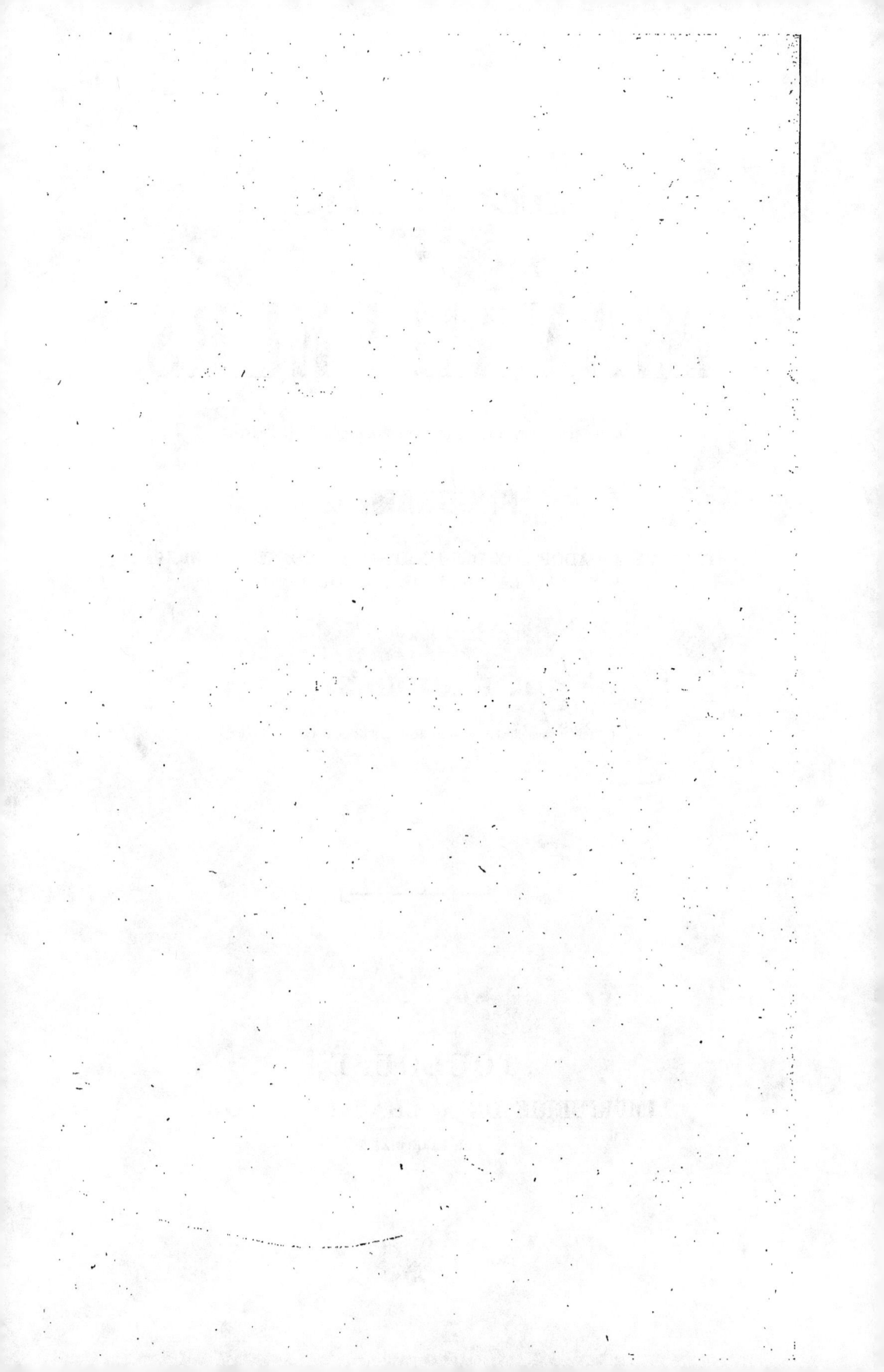

SECOURS

AUX

TRAVAILLEURS.

Amélioration morale et matérielle de la condition de l'ouvrier.

PROGRAMME

PROPOSÉ A L'ADOPTION DES MEMBRES DU CONSEIL MUNICIPAL
DE LA VILLE DE TOULOUSE;

PAR

E. LAUJOULET,

Conseiller municipal, sous-directeur de l'Ecole normale primaire.

————

TOULOUSE,

IMPRIMERIE DE A. CHAUVIN ET COMP.,

RUE MIREPOIX, 3.

—

1848.

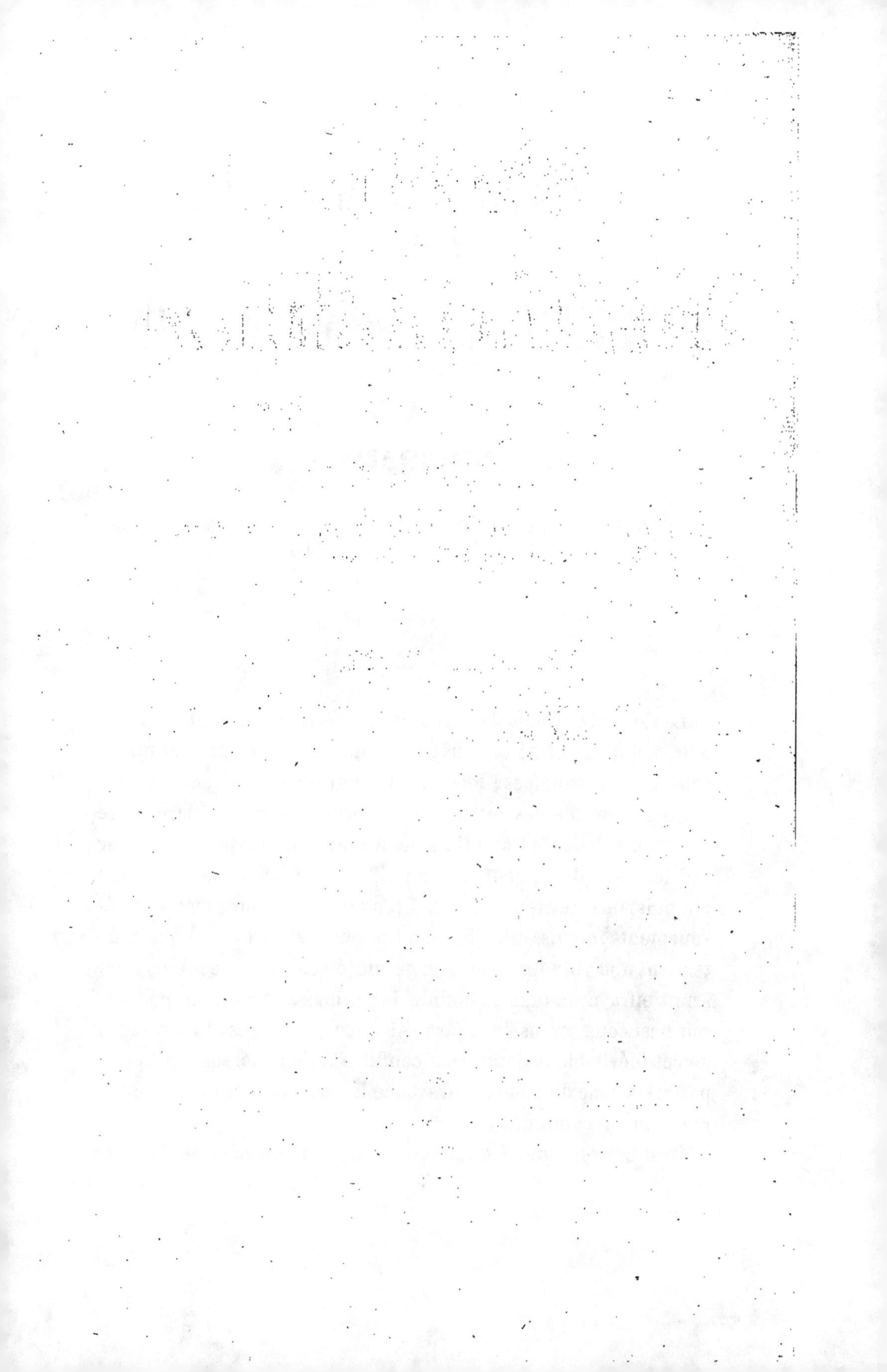

AMÉLIORATION MORALE ET MATÉRIELLE

DE LA

CONDITION DU TRAVAILLEUR.

———

PROGRAMME

PROPOSÉ A L'ADOPTION DES MEMBRES DU CONSEIL MUNICIPAL
DE LA VILLE DE TOULOUSE.

———

Le Conseil municipal de Toulouse, né d'une vive lutte politique, subit la loi de son origine. Chaque parti, préjugeant les actes par les principes, formule prématurément ou des récriminations imprudentes ou des espérances exagérées. Placé entre ces deux écueils, le Conseil ne désarmera point ses ennemis; il ne satisfera pas pleinement ses amis. Nul, en effet, ne pardonne l'impuissance, et le budget seul rendra tout d'abord bien des dévouements impuissants. S'il était permis de calculer ce que coûteraient à la ville les projets en germe de chacun de ses élus, on serait effrayé de tant de bonnes intentions, et l'on en redouterait beaucoup moins peut-être l'absence que l'excès. En présence de cet inévitable et dangereux conflit d'idées généreuses, il importerait donc de ramener d'avance les esprits à un programme réalisable et commun.

C'est ce programme que nous voulons très-brièvement ébaucher.

Améliorer moralement et matériellement la condition du travailleur, est le premier devoir de l'Etat ; c'est aussi, dans sa sphère d'action, le premier devoir de la commune. Entraînés par la prudence et le cœur, par la logique des faits et de la raison, tous les partis doivent aujourd'hui se rallier à cette œuvre que nous résumons sous trois titres :

TRAVAIL, INSTRUCTION, DÉLASSEMENTS ET FÊTES POPULAIRES.

TRAVAIL.

Le travail est la *propriété* de celui qui ne possède point, et selon nous toute propriété est un droit. Or, tous les droits sont solidaires ; en blesser un, c'est les compromettre tous. Assurer le travail n'est donc, en principe, qu'assurer le respect de tous les droits. Mais, de même que la propriété de la terre est incessamment menacée par les accidents atmosphériques et la propriété du capital par les faillites, de même le travail est menacé incessamment par le chômage. — Le capitaliste n'est point garanti contre la perte ; l'agriculteur l'est en partie par les compagnies d'assurance ; le travailleur peut l'être en partie aussi par les caisses de secours et l'association.

Le travail moralise par l'habitude d'une vie régulière ; il assure l'ordre par la peur du chômage ; il resserre les liens de famille par l'union des bénéfices et l'augmentation du bien-être ; il sauvegarde la propriété en la rendant possible et conséquemment sacrée pour tous. — Donner du travail, c'est donc faire beaucoup à la fois, et pour les mœurs, et pour l'ordre, et pour la société, dont la famille et la propriété sont la base.

Ces principes admis, le Conseil municipal a une première tâche à remplir :

IL DOIT RÉALISER L'EMPRUNT.

La ville, ne devant rien, ayant un budget d'un million et demi, et possédant des immeubles d'une valeur bien supérieure à celle de l'emprunt projeté, offre toute garantie aux prêteurs.

La sûreté du placement doit donc déterminer les offres des capitalistes, aussi bien que la nécessité d'assurer l'ordre par le travail.

Le système suivant, en partie basé sur un mode d'emprunt pratiqué, en 1831, par la ville de Paris, et que nous résumons sur les données d'un de nos collègues (1), nous semble réalisable et conséquemment admissible.

Il serait délivré, pour les deux millions que la ville veut emprunter, 4,000 actions de 500 fr. chacune (2). Ces actions, suffisamment garanties par les propriétés communales, seraient transmissibles; deux témoins suffiraient pour faire opérer la mutation sur un registre à souches tenu par le receveur de la ville.

Chaque année, les intérêts seraient servis, à cinq pour cent, à tous les actionnaires; et une somme serait affectée au remboursement, par la voie du sort, d'un certain nombre d'actions. Tout prêteur qui, désigné par le sort, ne voudrait point retirer ses actions, céderait son tour de remboursement à un autre prêteur.

En donnant vingt années à la ville pour se libérer, on peut, sans dépasser les ressources du budget et sans nuire à aucun service, établir les calculs suivants :

Pour les dix premières années, la ville, servant toujours l'intérêt total à cinq pour cent, affecterait en outre chaque année une somme de 20,000 fr. au remboursement de quarante actions.

Elle rembourserait ainsi : la 1re année, 40 actions; la 2me, 42, par l'extinction d'une partie de l'intérêt; la 3me, 44, et elle aurait 50 fr. en réserve; la 4me, 46, avec une réserve de 200 fr.; la 5me, 49, sans réserve; la 6me, 51, avec une réserve de 25 fr.;

(1) M. Richaud, aujourd'hui adjoint à la mairie de Toulouse.
(2) Peut-être conviendrait-il de créer des demi-actions de 250 fr. et des cinquièmes d'action de 100 fr.

la 7ᵐᵉ, 53, avec une réserve de 325 fr.; la 8ᵐᵉ, 56, avec une réserve de 450 fr.; la 9ᵐᵉ, 59, avec une réserve de 475 fr.; la 10ᵐᵉ, 62.

A la fin de la 10ᵐᵉ année, la ville aurait remboursé 503 actions. Les grands travaux projetés étant, à cette époque, à peu près terminés, la ville, servant toujours l'intégralité des intérêts dus pour les 3,497 actions non remboursées, pourrait consacrer annuellement 150,000 fr. à l'extinction de sa dette.

Elle rembourserait ainsi : la 11ᵐᵉ année, 300 actions; la 12ᵐᵉ, 315; la 13ᵐᵉ, 330, avec une réserve de 375 fr.; la 14ᵐᵉ, 348; la 15ᵐᵉ, 364, avec une réserve de 325 fr.; la 16ᵐᵉ, 383, avec une réserve de 250 fr.; la 17ᵐᵉ, 402; la 18ᵐᵉ, 422, avec une réserve de 300 fr.; la 19ᵐᵉ, 443, avec une réserve de 400 fr.; la 20ᵐᵉ année, la ville n'aurait à rembourser que 190 actions, et à dépenser que 89,250 fr. pour sa complète libération.

L'emprunt étant réalisé, les ouvriers terrassiers, les ouvriers du bâtiment, maçons, plâtriers, tailleurs de pierre, charpentiers, menuisiers, serruriers, ferblantiers, etc., trouveraient, dans l'achèvement de la place du Capitole, dans la construction de la caserne monumentale et du quai de Tounis, un travail assuré.

En attendant, la rigoureuse observation des lois de police sur les conduits pour l'eau pluviale, les murs de clôture, etc., peut venir provisoirement en aide à une certaine classe de travailleurs. Nous félicitons le Président de la Commission municipale d'avoir le premier songé à ce moyen.

Les industries que le luxe alimente, auront encore à souffrir. C'est au riche à intervenir; et au Conseil à rassurer le riche par le maintien de la tranquillité publique.

Peut-être conviendrait-il, pour défendre l'industrie locale contre la concurrence parisienne, que la surabondance et le vil prix des produits rendent aujourd'hui si dangereuse, de frapper provisoirement tout ce qui tient au luxe, à l'ameublement, à la voiture, etc., etc, d'un droit d'entrée qui, naturellement, devrait être plus fort pour le simple propriétaire que pour le fabricant revendeur.

Ce droit, et c'est là une pensée digne d'une attention sérieuse, devrait s'étendre également sur tous les objets confectionnés (vêtements, chaussures, articles de toilette, de modes, etc.). Nul n'ignore, en effet, que l'importation à Toulouse de ces divers articles, importation qui a pris, depuis quelques années, une extension si grande, ruine, au profit de capitalistes et d'ouvriers étrangers, une classe nombreuse de travailleurs (tailleurs, cordonniers, couturières, modistes, lingères, etc.), qui ont droit à des garanties de travail de la part de ville, en raison des revenus qu'ils lui donnent.

A cette mesure se rattache une question délicate et difficile, *la révision du tarif des droits d'octroi*, question que le Conseil municipal ne devra aborder jamais qu'avec une EXCESSIVE prudence.

Enfin, toute association qui a pour but unique *l'amélioration du sort de l'ouvrier*, doit trouver des secours et le plus bienveillant patronage auprès du Conseil municipal.

INSTRUCTION.

L'instruction rend l'ouvrier plus habile et le travail plus productif. Elle est un droit dans toute société où l'intelligence mesure à chacun son salaire et sa place. Elle est un devoir, quand tout citoyen concourt, par son vote, au gouvernement de l'Etat. Elle est une garantie sociale, quand des systèmes inéprouvés et subversifs s'adressent moins à l'examen et à la raison qu'à la puissance aveugle des appétits matériels.

Nous voudrions que le Conseil municipal adoptât en principe et réalisât graduellement, suivant ses ressources, un système complet d'éducation populaire.

Ce système embrasse dans son ensemble : la crèche, la salle d'asile, l'école primaire élémentaire, l'école supérieure, l'école d'adultes, et les écoles spéciales, telles que l'Ecole des arts et des sciences industrielles, l'Ecole de musique, etc...

Crèche. — La crèche est l'asile de l'enfant nouveau-né. Elle lui assure des soins, son premier besoin, et la santé, sa première fortune. Sans détruire l'intervention de la mère, sans rien ôter à son affection, elle permet à l'ouvrière de gagner le salaire de sa journée, et prévient ainsi ce long chômage qui fait de la maternité une sorte de malheur pour les familles pauvres.

La crèche n'est plus à l'état d'essai; c'est une institution jugée aujourd'hui par ses résultats. Une souscription dont le Conseil municipal devrait prendre l'initiative, une loterie pour laquelle toute mère voudrait offrir son lot, une solennité musicale pour laquelle nul artiste comme nul amateur ne refuserait son concours, suffiraient pour couvrir les premiers frais de fondation. Cette question soulevée timidement, il y a deux années, excita de généreuses sympathies (1). Plusieurs familles tenaient à honneur d'offrir le premier berceau.

Salles d'Asile. — Les salles d'asile demandent quelques dépenses à la ville, quelques modifications aux commissions qui les surveillent. Les locaux ne sont ni sains, ni bien appropriés. Le matériel est incomplet. Des perfectionnements éprouvés dans les asiles de Paris ne sont pas encore introduits dans les nôtres.

Le Conseil devrait confier à un comité spécial l'étude de cette importante question.

Ecoles communales. — Toulouse a une école d'enseignement mutuel pour les filles, et quatre pour les garçons.

L'école des filles ne suffit plus aux besoins de la population ouvrière; de nombreuses élèves sont chaque jour refusées: il est donc urgent de fonder une seconde école de filles.

Les écoles de garçons laissent beaucoup à désirer par l'insuffisance et l'insalubrité des locaux. Trois écoles sur quatre n'ont que la rue pour préau. L'école du sud est placée dans une sorte

(1) Le Conseil municipal vota une somme de 1,000 fr.

de cave ; l'école de l'ouest , dans un grenier. Trois professeurs ,
au grand préjudice de la discipline, n'ont pas leur logement
dans l'école. Le professeur du centre, seul, a pour logis un véri-
table galetas. Il importe, dans l'intérêt de l'enseignement, de la
discipline et de la santé des enfants, de disposer pour nos écoles
communales des locaux plus convenables , plus vastes surtout,
parce qu'un plus grand nombre d'élèves seront instruits sans
plus de frais. — Il importe aussi de donner pour adjoint à chaque professeur un moniteur rétribué.

L'école du centre, ne pouvant accepter qu'une partie des élèves qui demandent à y être admis, la création d'une cinquième
école de garçons nous semble une nécessité.

Bons d'apprentissage. — L'enfant quitte ordinairement
l'école primaire pour entrer en apprentissage, et l'ouvrier se
trouve souvent dans l'impossibilité de subvenir, pendant cette
période, aux frais d'entretien de son fils. Une question dont l'initiative ne nous appartient pas (1), et qui mérite l'attention du
Conseil, est celle des bons d'apprentissage, secours d'argent
accordé, après concours, aux jeunes élèves devenus apprentis.
Ces bons, dont la valeur, la durée et le nombre seraient déter-
minés par le Conseil, se diviseraient en demi-bons, tiers de
bon, quarts de bon, etc.

Bons de placement. — Au sortir de l'école, les élèves qui
se sont constamment fait remarquer par leur bon caractère , leur
bonne conduite et leurs progrès , devraient, après examen et sur
l'avis du comité local, recevoir de l'autorité municipale une sorte
de diplôme , de certificat particulier que nous désignons sous le
nom de *bon de placement*. Ces bons, donnant droit à la protection
de l'autorité , à la bienveillance de tous les chefs de maison , de
tous les chefs d'ateliers , faciliteraient singulièrement le placement des élèves.

Les noms des élèves ainsi récompensés demeureraient inscrits

(1) L'initiative de cette proposition appartient à M. Fossé.

sur un registre spécial déposé à la mairie, et seraient publiés à la fois, chaque année, dans la séance de la distribution des prix et dans une note officielle adressée à tous les journaux de la ville.

Ecole supérieure. — La loi sur l'instruction primaire dit, art. 10 :

« Les communes chefs-lieux de département, doivent avoir une école primaire supérieure. »

Nous demandons *l'application de la loi ;* et, dans l'attente d'un travail complet sur cette question, nous formulons en deux mots notre projet :

Nous voudrions une école primaire supérieure professionelle, renfermant deux cents élèves, cent pensionnaires et cent externes.

Sur les cent pensionnaires, soixante paieraient leur pension (450 ou 500 fr.). Vingt bourses fondées et entretenues par la ville, seraient accordées, après concours, aux meilleurs élèves de nos écoles communales. Vingt bourses, fondées et entretenues par le département, seraient accordées, après concours, aux meilleurs élèves des diverses écoles du département.

Les cent externes compteraient cinquante élèves payants (5 ou 6 fr. par mois), et cinquante élèves gratuits, admis par un concours, ou par une délibération du Conseil municipal, lorsque le Conseil jugerait à propos de récompenser, dans le fils, les services rendus par le père. — La création de ces diverses bourses donnerait une impulsion puissante à l'instruction primaire, en stimulant, dans toutes les écoles du département, le zèle des élèves et des maîtres.

Le programme de l'enseignement, qu'une commission spéciale devrait rédiger, répondrait au titre de l'école et au but de l'institution (1).

(1) L'agriculture, l'horticulture et la botanique devraient occuper une place importante dans ce programme. Notre jardin des plantes peu fréquenté par les étudiants, notre cours d'agriculture qui n'a profité jusqu'ici qu'à un petit nombre d'auditeurs, seraient une ressource précieuse pour les élèves.

Chaque jour, l'industrie des grandes villes attire, sans les occuper et au préjudice

Développer les aptitudes en germe chez l'enfant; provoquer l'éclosion de sa spécialité; donner à l'enseignement un caractère pratique, à l'étude un but déterminé; habituer l'élève à cette constante pensée qu'il n'apprend pas uniquement pour savoir, mais uniquement pour appliquer ce qu'il sait; faire, en un mot, un travailleur instruit, non un petit savant ambitieux et oisif: c'est, au point de vue politique et social, la vraie solution du problème renfermé dans la question de l'enseignement.

Cette grave solution, l'école professionnelle seule la réalise. Le lycée, bon pour quelques-uns, sans avantages pour un grand nombre, n'a produit jusqu'ici, et peut-être ne peut produire, en général du moins, que de dangereuses et stériles vanités.(1).

Nous croyons pouvoir affirmer, d'après un premier travail préparatoire, qu'en adoptant le plan projeté, la fondation d'une école supérieure-professionnelle n'entraînerait guère pour la ville d'autres sacrifices que les frais de premier établissement, les bénéfices sur les élèves payants devant couvrir à peu près les dépenses d'entretien occasionnées par les élèves boursiers. —Ainsi, le riche secourrait le pauvre sans sacrifices, puisque le premier ne paierait que ce qu'il doit justement payer pour l'éducation de son fils; sans aumône, puisque le bénéfice abandonné par la ville au second, ne serait que la juste récompense d'un mérite éprouvé.

Bourses au Lycée. — Tout élève dont l'intelligence, déve-

de l'ordre, tous les bras qui manquent aux travaux des champs. Cet abus ne peut être combattu avantageusement que par la création d'écoles spéciales, heureusement projetées par le Gouvernement, et par une réforme dans l'éducation populaire. Lorsqu'on saura trouver plus de bénéfice, plus d'agrément, dans le séjour des champs et dans la culture des terres, le fils du laboureur, mieux instruit et plus heureux, ne s'éloignera qu'avec regret du hameau, et l'agriculture, devenue elle-même une branche d'industrie, appellera à la campagne les hommes spéciaux formés dans les écoles de nos villes.

(1) Notre critique, on le comprend, n'atteint point les personnes; et cet abus, s'il existe, est inhérent à l'organisation des lycées et à la nature même de l'enseignement.

loppée par les cours de l'école supérieure, annoncerait une aptitude spéciale pour les sciences exactes, pour l'enseignement, pour toute profession libérale que les études de collége peuvent favoriser, devrait être admis gratuitement au lycée. Nous voudrions, qu'à cet effet, le Conseil municipal déclarât que les bourses municipales appartiennent exclusivement aux meilleurs élèves de nos écoles communales. Ce principe nous semble, au demeurant, d'une justice rigoureuse : le droit d'octroi pèse essentiellement sur la classe pauvre, et constitue le principal revenu de la ville. Ce revenu sert à payer les vingt bourses que la ville entretient au lycée. Si ces bourses sont accordées, comme par le passé, à l'influence de la faveur et de la fortune, il en résulte cette anomalie, désormais impossible, que le pauvre, principalement, est forcé de contribuer à *enrichir* le riche.

La question des bons d'apprentissage et de placement s'applique également aux élèves boursiers de l'école supérieure.

D'après ce système d'enseignement populaire, parfaitement réalisable sans l'intervention de l'Etat, les intelligences privilégiées, nées dans le berceau de la crèche, arriveraient, par un développement graduel et par la consécration d'un principe vraiment démocratique, de la salle d'asile, à l'école primaire, à l'école professionnelle, au Lycée; et du Lycée aux écoles spéciales, aujourd'hui gratuites, à l'Ecole normale secondaire de Paris, à l'Ecole d'administration, à l'Ecole polytechnique, etc. — Le fils du pauvre n'aurait plus rien à envier au fils du riche que la supériorité du talent.

Ecole d'adultes. — Ces écoles, trop peu nombreuses, ont l'immense avantage d'occuper utilement les loisirs de l'ouvrier, de lui fournir les moyens de gagner plus en travaillant mieux, de l'enlever enfin à toute distraction dispendieuse ou nuisible, au profit de son instruction, de sa moralité et de son bien-être. Il importe donc de les multiplier. On peut le faire à peu de frais.

Nous comptons, à cet égard, sur l'adhésion unanime du Conseil municipal.

Ecole des arts et des sciences industrielles. — Comme

école spéciale, cet établissement a une utilité incontestable et incontestée ; mais il conviendrait peut-être d'en modifier le règlement sous quelques rapports. Certaines leçons devraient être faites le soir pour que l'ouvrier pût y assister sans préjudice pour ses intérêts , etc.

Certains cours , afin d'éviter un double emploi et des frais inutiles , devraient servir peut-être de complément d'études aux élèves de l'école supérieure. Un examen réfléchi pourra seul établir ultérieurement quels liens devraient unir l'école des arts et des sciences industrielles à l'école supérieure projetée.

Ecole de musique. — La publication prochaine de documents complets sur les résultats obtenus par cette précieuse institution , nous dispense de longs développements.

Le règlement de l'école, adopté par Auber, ne peut admettre que de très-légères modifications. Peut-être serait-il convenable d'ouvrir, le soir, un cours spécial pour les adultes et les ouvriers chanteurs.

Le local affecté aux cours doit évidemment être ou changé ou convenablement réparé.

Ecole de jeunes aveugles. — Les jeunes aveugles n'ont eu longtemps qu'un seul asile en France, l'Institut national de Paris. Lille et Marseille les ont accueillis naguère dans leur école des sourds-muets. Rodez et Soissons vont suivre cet exemple.

Déjà, en 1846, le vénérable directeur de notre école des sourds-muets avait formé le projet d'annexer à son établissement une école de jeunes aveugles ; et, sur sa demande, le Conseil municipal avait voté la fondation et l'entretien de quatre bourses communales. La réalisation de ce projet, quelque temps ajournée, aura lieu à la rentrée des classes. Le Conseil municipal, confirmant le vote du Conseil précédent, témoignera, nous n'en doutons pas, de sa vive sympathie pour ce nouvel établissement de bienfaisance. Les malheureux , en effet, sont deux fois nos frères.

DÉLASSEMENTS ET FÊTES POPULAIRES.

Délassements. — La distraction est un besoin après le travail. Ce besoin, bien dirigé, est, plus qu'on ne le suppose au premier abord, un moyen puissant de moralisation pour les masses.

Occuper avec intelligence les loisirs de l'ouvrier, *organiser ses plaisirs*, est, au point de vue politique et social, une question neuve et sérieuse. Nous l'indiquons seulement, nous ne la traitons pas.

Le théâtre, le café ou l'estaminet, le jeu, le restaurant ou l'auberge : voilà à peu près toutes les distractions actuelles et possibles du travailleur.

Toutes ces distractions sont égoïstes, ruineuses, destructives de tout lien, de toute affection de famille. Là, en effet, l'ouvrier s'isole et s'habitue à cette dangereuse pensée, qu'il ne peut trouver du plaisir qu'en s'isolant. Là, le père de famille se démoralise et s'abrutit. S'il joue, il compromet, pour quelques jours, l'existence des siens, ou entrevoit déjà le moyen de gagner autrement que par le travail. Il ne rapporte au foyer domestique que le remords ou la passion d'un gain illicite. S'il fréquente le café ou l'auberge, seul, sans ses naturels conseillers, il est déjà sur la route d'excès qui ne servent ni le cœur, ni le corps. S'il se réfugie au théâtre, il assiste le plus souvent à de mauvaises petites représentations qui ont déjà fait fuir les femmes par leur immoralité, et les hommes sérieux, par leur nullité littéraire. Dans cette école du peuple, si oubliée du législateur et si décrépite, il n'apprend guère plus rien qu'à douter de la vertu (1).

_____

(1) L'opéra en général et, par exception, quelques vaudevilles, ne méritent point cette proscription. La réforme des théâtres est l'une des plus urgentes et des plus graves questions que l'Assemblée nationale ait à résoudre. — En attendant,

S'isoler; perdre toute affection de famille; dépenser pour soi ce qui suffirait au ménage; compromettre sa santé par des excès, son cœur par des passions mauvaises, ses moyens d'existence par de folles dépenses ou les chances du jeu; prendre le travail en dégoût, l'oisiveté en habitude, la vertu en complète indifférence, et se persuader que tout cela constitue le bonheur: c'est ce qui résulte évidemment des plaisirs réservés aujourd'hui à la classe ouvrière.

Nous croyons que le Conseil municipal peut intervenir utilement dans cette question, qui demande, comme on le pense, à être convenablement étudiée pour être convenablement exposée et résolue.

Il s'agirait de réunir, aux jours de fête, la *famille* du travailleur dans des distractions communes, morales et peu dispendieuses.

Voici ce que nous proposerions pour premier essai :

Louer hors ville, près des barrières, une maison, avec un jardin d'une étendue suffisante.

Y établir des jeux divers pour les enfants, un bal gratuit, une salle de lecture pour les hommes, un restaurant avec des prix limités de façon que la famille entière de l'ouvrier pût y prendre son repas sans plus de frais et avec plus d'agrément que chez elle, etc., etc.

Confier la direction de l'établissement à un homme d'une moralité éprouvée, et à telles conditions que le Conseil municipal jugerait convenables.

Exercer sur le directeur et sur l'établissement une surveillance sévère.

Intéresser l'ouvrier au succès de l'entreprise, en réclamant d'avance l'assentiment, les lumières et le concours de la société des travailleurs.

nous regardons comme déplorable la position du personnel nombreux que notre théâtre fait vivre; et nous désirons vivement, sans oser l'espérer encore, vu l'insuffisance du budget, que cette position se régularise et s'améliore.

Nommer, parmi ces derniers, une commission chargée de présider à ces fêtes, d'en rédiger le programme, d'y maintenir l'ordre, la plus scrupuleuse décence, etc., etc.

Cet essai, qu'il ne faudrait tenter qu'avec prudence et en temps opportun, dirait bientôt si la ville doit s'imposer de plus grands sacrifices dans l'intérêt de la classe ouvrière, dans l'intérêt des mœurs qui se corrompent, de l'ordre sans cesse menacé, et de la famille moins compromise par d'aveugles théories que par l'opiniâtre imprévoyance de nos hommes d'état.

Fêtes populaires. — Les fêtes publiques ne réveillent ordinairement dans le peuple qu'une sorte de gaîté brutale et irréfléchie. Elles semblent créées uniquement pour la satisfaction matérielle de ses sens. Elles le rendent un instant plus bruyant, plus joyeux peut-être ; elles ne le rendent définitivement, ni meilleur, ni plus social, ni plus dévoué à ses frères et à son pays.

Nons croyons, pour nous, qu'il y a le germe d'une régénération morale dans ces joies inexploitées et dans cet élan stérile des cœurs. Nous croyons que les masses peuvent se passionner pour autre chose que pour le plaisir ; et que, par le plaisir même, on peut les passionner pour toutes les vertus et tous les mérites, pour toutes les nobles pensées et toutes les belles actions.

Un exemple expliquera et peut-être justifiera notre opinion :

Supposons qu'une enquête a désigné dans le département un certain nombre de citoyens qui ont acquis, par leur conduite, leurs actes, leurs services, des droits particuliers à la reconnaissance et à l'admiration publiques. C'est, si l'on veut :

Un agriculteur qui a perfectionné un instrument aratoire ;

Un fermier qui s'est fait distinguer par son habileté et sa longue probité ;

Un berger qui a élevé le plus beau troupeau ;

Un ouvrier qui a inventé une machine éprouvée avec succès ;

Un industriel qui a enrichi la localité d'une exploitation utile, et sa branche d'industrie, d'un nouveau procédé ;

Un travailleur qui a su réunir ses frères dans une vaste association d'assistance et de secours mutuels ;

Un propriétaire qui a fondé pour eux un établissement de bienfaisance ;

Un instituteur qui a été, par ses lumières et ses conseils, le bienfaiteur de sa commune ;

Un homme du peuple qui, loyalement, a jeté sa vie en enjeu contre une autre vie en danger ;

Un jeune artiste de l'âme duquel s'est échappée la première étincelle du génie ;

Un généreux citoyen ou un brave soldat qui s'est dévoué pour la gloire et pour la patrie ;

Un bon paysan qui a su vieillir heureux dans la vertu, le travail et la misère ;

Un portefaix, notre voisin, qui s'est fait, par le cœur et les sacrifices, le père d'un pauvre enfant laissé un matin sur la litière d'une étable (1) ;

Un malheureux choriste qui, depuis vingt années, perpétue secrètement cet exemple et ce sacrifice pour deux enfants ingrats (2) ;

Tout homme enfin qui a fait quelque chose d'utile, quelque chose de beau, quelque chose d'éminemment patriotique et social.

Une récompense particulière, accordée à ceux que l'enquête a désignés, provoque une fête civique.

Un programme, soigneusement rédigé par un comité spécial, affiché jusque dans le dernier des hameaux, appelle à Toulouse des curieux ou des représentants de toutes les communes du département. Les autorités civiles, militaires, universitaires, les chefs de toutes les administrations, les troupes de la garnison, les gardes nationales de Toulouse et des communes voisines, les délégués des écoles, de tous les corps d'état, de toutes les classes

(1) Cricou, rue Saint-Jacques.
(2) C***, faubourg Saint-Cyprien.

de citoyens assistent officiellement à la distribution des récompenses, qui a lieu en plein jour et en plein air, au son des fanfa-
res, au bruit du canon et aux applaudissements de la multitude.
Un petit livre qui résume les actes de chaque citoyen couronné,
et qui, souvent relu, deviendra en quelque sorte le catéchisme
social du foyer domestique, est plutôt distribué que vendu à la
foule. Les danses, les jeux et les plaisirs accompagnent la fête.
Les chœurs d'ouvriers, les chœurs et l'orchestre du théâtre, les
musiques militaires de tous les régiments en rehaussent l'éclat.
Le soir, la ville entière s'illumine d'elle-même, car la joie du
bien s'impose à tous les partis. Enfin, sur les portiques des
monuments improvisés, brillent, dans des festons de lumière,
les noms qu'on a voulu honorer et qu'en passant redit religieuse-
ment le flot populaire comme un témoignage de sa foi dans la
vertu, et de sa passion instinctive pour tout ce que, par un tort
qni n'est pas le sien, il semble couvrir aujourd'hui de son indifférence et de l'oubli.

Ces noms, recueillis par l'âme du peuple, y porteront, croyez-
le, d'invincibles aspirations et de sublimes jalousies. Ils y parle-
ront une langue claire et nouvelle. Quand l'intelligence faillira,
ils suppléeront à l'intelligence; quand le cœur s'éteindra, ils le
ranimeront à un inextinguible foyer; et toute la science morale,
toute la science politique et sociale, synthétisée en quelques
mots, se révèlera au sûr instinct des masses, par les enseigne-
ments que porte une pareille fête, par les fécondes impressions
qu'elle fera naître et les longs souvenirs qu'elle aura créés (1).

(1) Après ces graves considérations, nous ne pouvons insister sur des résultats
purement matériels. Toutefois, il n'est pas sans utilité d'ajouter, qu'en faisant de
Toulouse le lieu de rendez-vous de grandes fêtes départementales, on augmente-
rait, par cet immense concours d'étrangers, la consommation et le revenu de
l'octroi, le débit de tous les marchands et le travail de tous les ouvriers. Sans
entrer à cet égard dans des développements qui s'offrent d'eux-mêmes à la pensée,
il suffit de mentionner seulement le bénéfice que retirent des fêtes publiques les
industries alimentées par la toilette des hommes et des femmes (les marchands de

Toutefois, les mœurs ne se refont pas en un jour, et les réformes, pour être efficaces et durables, ne doivent pas anticiper sur le temps. Aussi, dans notre vive répulsion pour toute idée qui n'a point le fait immédiat pour sanction, nous bornons-nous à indiquer simplement les bases premières d'un projet qu'il importe de mettre sérieusement à l'étude.

Bases du projet. — Vingt prix destinés à récompenser, jusque dans le dernier des hameaux du département, les actes de vertu, d'utilité publique, de civisme, de courage, de dévouement, etc., seront fondés par le Conseil général et le Conseil municipal : quinze par le premier, pour les trois arrondissements de Saint-Gaudens, Villefranche et Muret; cinq par le second, pour l'arrondissement de Toulouse.

Ces prix, représentés par des médailles d'or et d'argent d'une valeur de 100 à 300 francs, seront distribués par moitié et donneront lieu à deux fêtes annuelles : la première, dans les premiers jours du printemps, sur le Boulingrin; la seconde, vers la fin de l'été, sur la prairie des Filtres.

Un comité de cinquante membres élus parmi les artistes, les travailleurs, les officiers de la garnison, les membres du Conseil général et du Conseil municipal, sera spécialement chargé de rédiger le programme de chaque grande fête populaire.

La ville, indemnisée par l'affluence des étrangers et par l'augmentation de ses revenus, fera seule les frais de ces solennités, sauf à recourir plus tard aux libéralités de la République en

---

drap, de nouveautés, etc., les tailleurs, cordonniers, couturières, modistes, lingères, blanchisseuses, etc.). Or, les fêtes de juillet et de mai ne se célèbrent plus. Les fénétras sont peu suivis et n'attirent plus ces nombreux équipages dont l'entretien faisait la fortune de tous les ouvriers qu'occupe la carrosserie (forgerons, selliers, charrons, peintres et menuisiers en voiture, garnisseurs, passementiers, etc.). Enfin, nous avons vu tomber une à une en désuétude les fêtes, jadis si populaires et si brillantes, de Saint-Roch, Saint-Caprais, Blagnac, Montaudran, Saint-Agne, Saint-Martin, l'Ardenne, Saint-Simon, etc. L'absence de toutes ces fêtes est évidemment, pour le commerce, l'industrie et les travailleurs, une perte qu'il importe de réparer par l'institution de fêtes nouvelles.

faveur d'une institution qui en consacre si utilement et si dignement les principes.

Le Conseil général, aidé de l'avis des Conseils municipaux des communes rurales, des renseignements fournis par les sous-préfets, etc., désignera, après mûr examen, les citoyens qu'il jugera dignes des récompenses départementales. — Le Conseil municipal désignera ceux qu'il jugera dignes des récompenses communales.

Tout citoyen sera invité, par un avis officiel, à faire connaître à l'un et à l'autre Conseil les mérites et les services qui, par défaut de renseignements, pourraient rester obscurs et ignorés.

Le programme de la fête et le résumé des travaux des commissions nommées par le Conseil général et le Conseil municipal, seront publiés dans un petit livre imprimé à deux ou trois cent mille exemplaires et vendu au plus bas prix. Ce livre, devant contribuer à l'éducation morale des masses, devra être rédigé pour elles et dans ce but. Des exemplaires, envoyés à tous les maires des communes du département, seront distribués gratuitement aux instituteurs et aux familles pauvres.

Des bons de pain et des secours seront distribués à domicile. Certains objets seront rachetés du mont-de-piété et rendus à l'ouvrier honnête qui les y avait engagés, etc., etc.

Un grand concert en plein air réunira, dans de larges morceaux d'ensemble, les artistes, les amateurs, les musiques militaires de la garde nationale et de tous les régiments de la garnison, aux chœurs du théâtre, des ouvriers chanteurs, du conservatoire et des écoles primaires.

Un comité spécial composé d'amateurs et d'artistes, de tous les chefs de musique, des professeurs du conservatoire et de quelques membres du Conseil municipal, sera chargé de l'organisation de cette partie de la fête. — Le chef d'orchestre du théâtre, aidé des divers chefs de musique, en dirigera l'exécution, etc., etc.

CONCLUSION.

En résumé, nous croyons qu'en dehors de l'intervention de l'Etat, et par ses propres ressources, le Conseil municipal peut contribuer puissamment, dans sa sphère d'action, à améliorer, sous le rapport moral et matériel, la condition du travailleur.

Nous pensons que cette amélioration peut se réaliser par trois voies :

1° En procurant du travail, par la réalisation de l'emprunt;

2° En généralisant l'instruction, par la réalisation d'un système complet d'éducation populaire;

3° En procurant à la famille entière du travailleur des délassements moraux et peu dispendieux, par la création d'établissements particuliers et de fêtes populaires.

Ces trois moyens embrassent diverses propositions que nous énumérons sous forme de programme.

Travail.

Réalisation de l'emprunt. — Entreprise immédiate de grands travaux publics. — Rigoureuse application de toutes les lois de police qui peuvent donner du travail à une classe quelconque d'ouvriers. — Intervention des classes riches pour les travaux de luxe, sollicitée par le maintien de la tranquillité publique. — Droits d'entrée sur les objets de luxe et sur tout article confectionné. — Protection et secours à toute association légitime de travailleurs.

Instruction.

Création d'une crèche. — Améliorations et perfectionnements introduits dans les salles d'asile. — Création d'une seconde école d'enseignement mutuel pour les filles et d'une cinquième école pour les garçons. — Appropriation des locaux des écoles actuellement en activité. — Adjonction aux directeurs de moniteurs rétribués. — Bons d'apprentissage et de placement. — Création d'une école supérieure professionnelle. — Bourses municipales au Lycée accordées, après concours, aux meilleurs élèves des écoles communales. — Organisation des écoles d'adultes. — Examen des modifications à apporter dans l'organisation de l'école des arts, de l'école de musique. — Bourses à l'institut des aveugles, etc.

Délassements et Fêtes populaires.

Projets divers. — Etude immédiate de cette importante question.

———————

Ce programme, juste en principe, acceptable par les hommes généreux de tous les partis, nous semble en tous points réalisable. La création de fêtes populaires, qui n'a point au premier aspect le caractère pratique des autres propositions, ne peut trouver néanmoins d'obstacles sérieux ni dans la dépense (1), ni dans les difficultés matérielles de l'exécution, ni dans l'indifférence de tout homme de cœur et de sens. — A défaut de création définitive, l'utilité du but que nous voulons atteindre, nous fait compter au moins sur *un essai*.

Dans l'intérêt de la ville, dans l'intérêt des ouvriers à qui la République a tant promis et pour qui elle a encore si peu fait, nous appelons sur ce programme la bienveillante attention de nos collègues du Conseil municipal.

E. LAUJOULET.

(1) Les fonds portés au budget pour *fêtes publiques*, n'ayant actuellement aucune destination, vu la suppression des deux fêtes de mai et de juillet, pourraient être affectés à la célébration de nos fêtes populaires.

www.ingramcontent.com/pod-product-compliance
Lightning Source LLC
Chambersburg PA
CBHW070750280326
41934CB00011B/2862